FULL SCORE
WSB-18-001

吹奏楽譜 ブラスロック・シリーズ

BRASS ROCK

Over the Rainbow -Brass Rock-

作曲：Harold Arlen　編曲：宮川成治

楽器編成表

Piccolo	B♭ Trumpet 1	Drums
Flutes 1（& *2）	B♭ Trumpet 2	*Timpani
*Oboe	*B♭ Trumpet 3	Percussion 1
*Bassoon	F Horns 1（& *2）	...Sus.Cymbal, Tambourine, Castanet
*E♭ Clarinet	F Horns 3（& *4）	
B♭ Clarinet 1	Trombone 1	*Percussion 2
B♭ Clarinet 2	Trombone 2	...Bass Drum, Wind Chime, Triangle, Sus.Cymbal, Crash Cymbals
*B♭ Clarinet 3	*Trombone 3	
*Alto Clarinet	Euphonium	
Bass Clarinet	Tuba	Percussion 3
Alto Saxophone 1	Electric Bass (String Bass) ※パート譜のみ	...*Chime, Xylophone, Glockenspiel
*Alto Saxophone 2		
Tenor Saxophone		Full Score
Baritone Saxophone		

＊イタリック表記の楽譜はオプション

吹奏楽譜 ブラスロック・シリーズ

Over the Rainbow -Brass Rock-

曲目解説

　ミュージカル映画「オズの魔法使」の挿入歌として有名な楽曲が、とにかくカッコいいブラスロックアレンジで登場！邦題は『虹の彼方に』。日本でも多くのアーティストに演奏されるスタンダードナンバーです。今回のアレンジは、ゆったりとしたトランペット・ソロで幕開け。ソロの終わりとともにがらりと雰囲気を変え、ビートを効かせたブラスロックに！アップテンポで一気に駆け抜けます！抜群の知名度とカッコよさを持ち合わせているので、どんな演奏シーンでも演奏できる一曲です。手拍子やスタンドプレーなどの演出を加えて、バンドのレパートリーとして演奏してみてはいかがでしょうか♪

編曲者プロフィール / 宮川成治(Seiji Miyagawa)

　1972年、神奈川県三浦市生まれ。高校時代に吹奏楽と出会い、音楽人生が始まる。当時は打楽器を担当していた。作編曲は独学で、初めて編曲じみた事をしたのは高校3年生の頃だったように記憶している。その後、一般の大学に進むも音楽の楽しさが忘れられず、学生バンドの指導を始め今に至る。
　作曲よりも現場のニーズに合わせた編曲をする事が多く、叩き上げで今の技術と知識を身に付けた。現在は学生バンドを指導する傍ら、地域の吹奏楽団・ビッグバンド等で演奏活動を続け、作品を提供している。主な吹奏楽作品に『BRISA LATINA』、『CELEBRATION』、『STAR of LIFE』、『Angels Ladder』、編曲作品多数。第12回「21世紀の吹奏楽"響宴"」入選、出品。

Over the Rainbow -Brass Rock- - 4

Over the Rainbow -Brass Rock- - 8

Over the Rainbow -Brass Rock- - 9

Over the Rainbow -Brass Rock- - 12

ご注文について

ウィンズスコアの商品は全国の楽器店、ならびに書店にてお求めになれますが、店頭でのご購入が困難な場合、当社PC&モバイルサイト・FAX・電話からのご注文で、直接ご購入が可能です。

◎当社PCサイトでのご注文方法

http://www.winds-score.com

上記のURLへアクセスし、WEBショップにてご注文ください。

◎FAXでのご注文方法

FAX.03-6809-0594

24時間、ご注文を承ります。当社サイトよりFAXご注文用紙をダウンロードし、印刷、ご記入の上ご送信ください。

◎お電話でのご注文方法

TEL.0120-713-771

営業時間内に電話いただければ、電話にてご注文を承ります。

◎モバイルサイトでのご注文方法

右のQRコードを読み取ってアクセスいただくか、URLを直接ご入力ください。

※この出版物の全部または一部を権利者に無断で複製(コピー)することは、著作権の侵害にあたり、著作権法により罰せられます。

※造本には十分注意しておりますが、万一、落丁・乱丁などの不良品がありましたらお取り替えいたします。また、ご意見・ご感想もホームページより受け付けておりますので、お気軽にお問い合わせください。

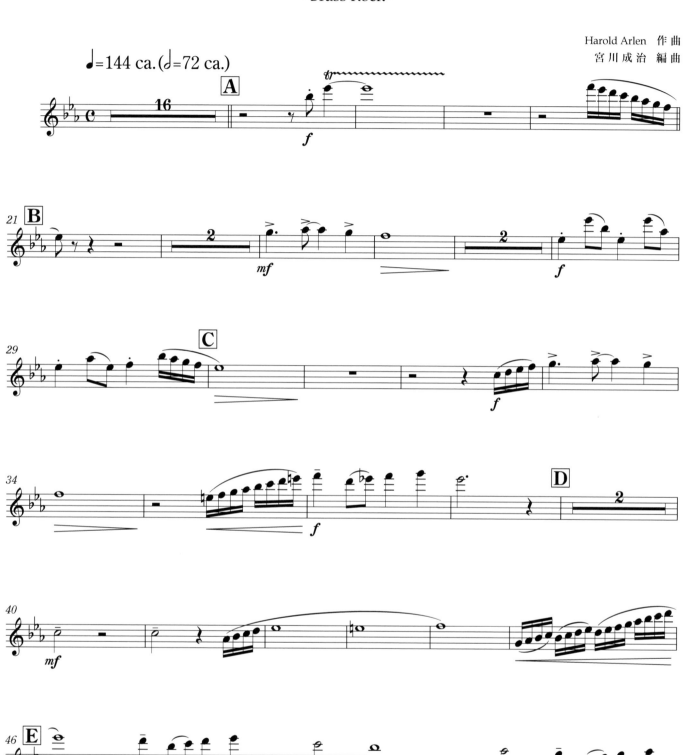

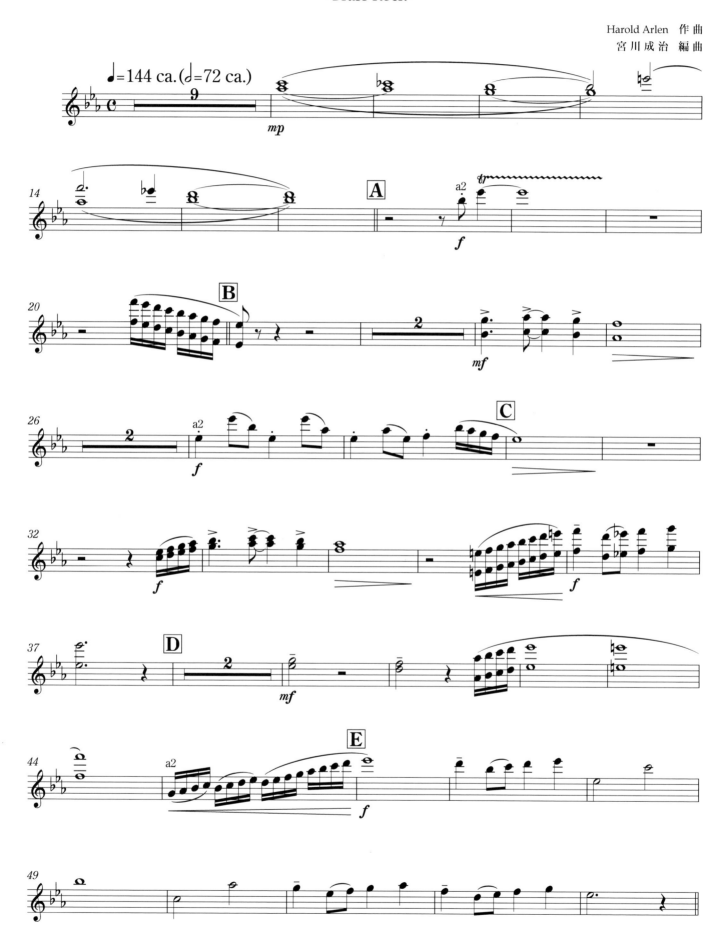

Over the Rainbow
-Brass Rock-

Oboe

Harold Arlen 作曲
宮川成治 編曲

Over the Rainbow
-Brass Rock-

Bassoon

Harold Arlen 作曲
宮川成治 編曲

Over the Rainbow
-Brass Rock-

B♭ Clarinet 1

Harold Arlen 作曲
宮川成治 編曲

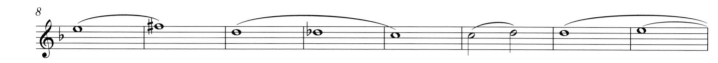

B♭ Clarinet 2

Over the Rainbow
-Brass Rock-

Harold Arlen 作曲
宮川成治 編曲

Alto Clarinet

Over the Rainbow
-Brass Rock-

Harold Arlen 作曲
宮川成治 編曲

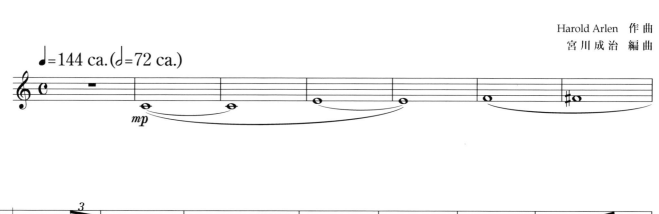

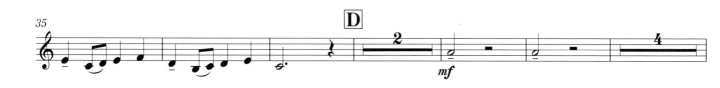

Bass Clarinet

Over the Rainbow
-Brass Rock-

Harold Arlen 作曲
宮川成治 編曲

Over the Rainbow
-Brass Rock-

Alto Saxophone 1

Harold Arlen 作曲
宮川成治 編曲

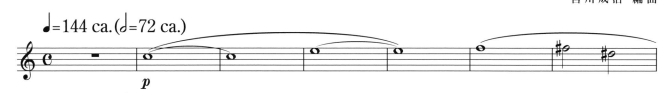

Alto Saxophone 2

Over the Rainbow
-Brass Rock-

Harold Arlen 作曲
宮川成治 編曲

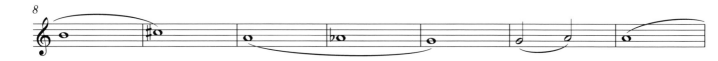

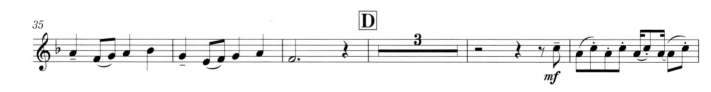

F Horns 1&2

Over the Rainbow
-Brass Rock-

Harold Arlen 作曲
宮川成治 編曲

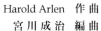

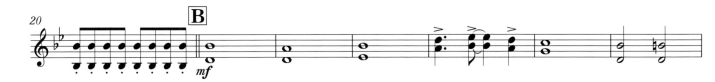

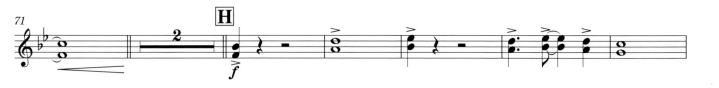

F Horns 3&4

Over the Rainbow
-Brass Rock-

Harold Arlen 作曲
宮川成治 編曲

MEMO

Over the Rainbow
-Brass Rock-

Euphonium

Harold Arlen 作曲
宮川成治 編曲

String Bass

Over the Rainbow
-Brass Rock-

Harold Arlen 作曲
宮川成治 編曲

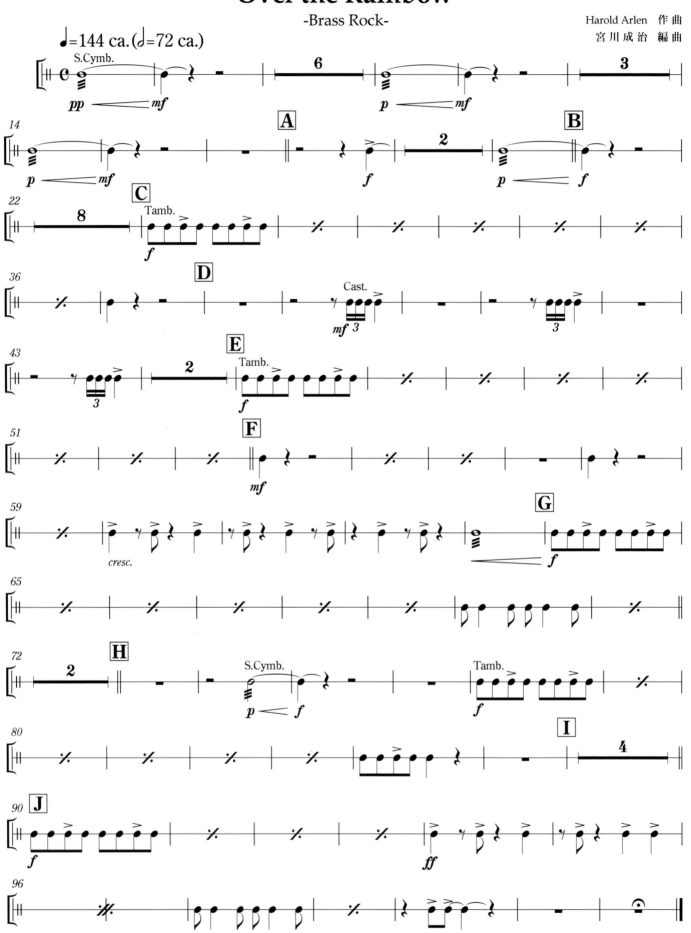

Percussion 2

Bass Drum, Wind Chime, Triangle, Sus.Cymbal, Crash Cymbals

Over the Rainbow
-Brass Rock-

Harold Arlen 作曲
宮川成治 編曲

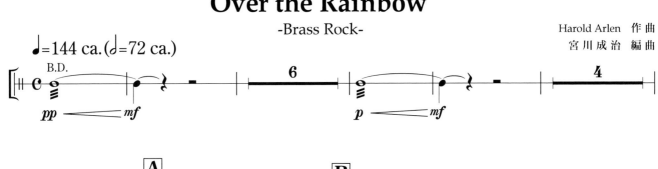
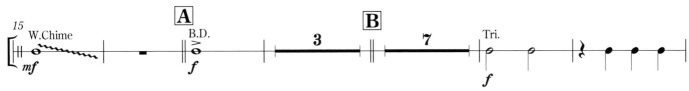
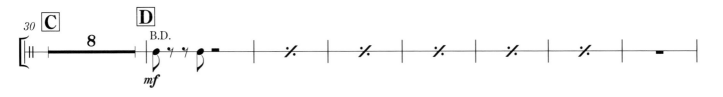
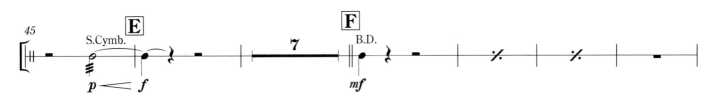
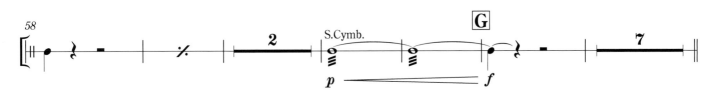

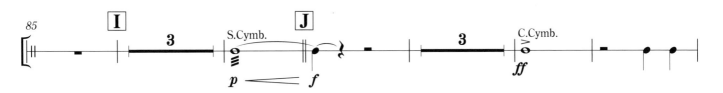